STANDARDS INFORM

What are standards, and why do we need them in education? A standard is a criteria or a guideline. Standards in education allow you to make a judgment about what a child should be able to do at a certain grade level. Once you've determined what he or she should be able to do, you can then help the child achieve educational goals.

Educational standards provide teachers with written expectations of what they need to teach during a school year. Standards are most often conveniently divided by grade level and subject matter. For example, a teacher in a fifth grade social studies class might be given a standard that states he or she is responsible for teaching students important historical figures from the Civil War era such as Abraham Lincoln, Frederick Douglass, and Robert E. Lee. The teacher uses the standard to know what to teach, but she then applies a benchmark to assess whether the students learned the standard. A benchmark might be anything from an oral report to a short quiz. Whatever the teacher decides to use to assess the learning, this benchmark helps her decide whether to stop and teach the standard again or whether to go on to the next standard listed in the guidelines.

Background

Where do all these directions or guidelines come from, and how do you know which ones to use?

In the 1980's there was a move across the United States to standardize education in the core subject areas. It was a movement to ensure that students were headed in the same direction no matter who was giving the directions.

Individual states created frameworks or standards for different subjects and grade levels. Some of the

standards Some were divided into levels such as standards that were just being introduced at a grade level, standards that were developing at a grade level, and standards that should be mastered at a grade level. But there was a push for something more; national standards for all states to use were also being created. These national standards provided a way for state education departments to be sure their students were meeting the same goals as students throughout the United States— in effect, creating a "standardization of standards" on a national level.

Getting Standards Information

With today's easy Internet access, a vast amount of information is available to those educators willing to take the time to look and learn. National standards for core subject areas can be accessed by researching some of the organizations listed below and by visiting their websites.

For a comprehensive and easy-to-use reference of additional national standards as well as a link to state standards, go to the Education World® website (http://www.educationworld.com/standards/). There you will find standards for Fine Arts, Language Arts, Math, Physical Education and Health, Science, Social Studies, and Technology.

Yet another great standards site is McREL or Mid-continent Research for Education and Learning. Known as a "Compendium of Standards and Benchmarks", this resource is well-researched. It includes standards and benchmarks that represent a consolidation of national and state standards in several content areas for grades K through 12. The McREL Website is http://www.mcrel.org/.

National Standards Websites

Common Core State Standards Initiative (CCSS) http://www.corestandards.org/

National Council of Teachers of Mathematics (NCTM) http://www.nctm.org/standards/

National Council of Teachers of English (NCTE) http://www.ncte.org/standards/

National Council for the Social Studies (NCSS) http://www.ncss.org/standards/

National Science Teachers Association (NSTA) http://www.nsta.org/publications/

National Council for Geographic Education (NCGE) http://www.ncge.org/resources

School Schedule

- Class Begins _____
- Morning Recess _____
- Lunchtime _____
- Class Resumes _____
- Afternoon Recess _____
- Dismissal _____

Special Notes

_____
_____
_____
_____
_____
_____
_____
_____

Special Classes

Student _____

Class _____ Day _____ Time _____

Student _____

Class _____ Day _____ Time _____

Student _____

Class _____ Day _____ Time _____

Where to Find

- Class List _____
- School Layout _____
- Seating Chart _____
- Attendance Record _____
- Lesson Plans _____
- Teacher Manuals _____
- First Aid Kit _____
- Emergency Information _____
- Supplementary Activities _____
- Class Supplies–paper, pencils, etc. _____
- Referral forms and procedures _____

_____
_____
_____
_____
_____
_____
_____
_____
_____

Special Needs Students

Student	Needs	Time and Place

INFORMATION

Classroom Standards

- When finished with an assignment

  _____

  _____

- When and how to speak out in class

  _____

  _____

- Incentive Program

  _____

  _____

- Discipline

  _____

  _____

- Restroom Procedure

  _____

  _____

People Who Can Help

- Teacher/Room _____

- Dependable Students

  _____

  _____

  _____

  _____

  _____

- Principal _____

- Secretary _____

- Custodian _____

- Counselor _____

- Nurse _____

Map of Our School

STUDENT

Student's Name	Parent's Name	Address
1.		
2		
3.		
4.		
5.		
6.		
7.		
8.		
9.		
10.		
11.		
12.		
13.		
14.		
15.		
16.		
17.		
18.		
19.		
20.		
21.		
22.		
23.		
24.		
25.		
26.		
27.		
28.		
29.		
30.		
31.		
32.		
33.		
34.		
35.		
36.		

ROSTER

Home & Work Phones	Birthday	Siblings	Notes

BIRTHDAYS

August	**September**	**October**
November	**December**	**January**
February	**March**	**April**
May	**June**	**July**

SEATING CHART

Seat Arrangement Ideas

The size and shape of your room will play a large part in your seating arrangement.

You may want to change this layout once you are familiar with your students and their needs.

Regardless of your seating plan, the most important concern is that you can easily see all your students and the children in turn have good visibility of you, the board, and other focal points in the room.

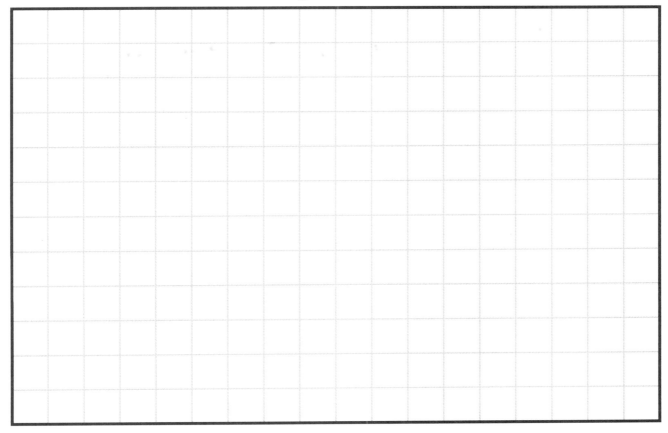

1. Basic Row Seating

2. U-Shaped Seating

3. Rectangular Seating

4. V-Shaped Seating

5. Cluster Seating
(Desks or Tables)

6. Partner Seating

Seat Arrangement Floor Plan

WEEKLY SCHEDULE

Time	Monday	Tuesday	Wednesday	Thursday	Friday

_____ PLANNER

NOTES	SUNDAY	MONDAY	TUESDAY	WEDNESDAY	THURSDAY	FRIDAY	SATURDAY

_____ PLANNER

NOTES	SUNDAY	MONDAY	TUESDAY	WEDNESDAY	THURSDAY	FRIDAY	SATURDAY

_____ PLANNER

NOTES	SUNDAY	MONDAY	TUESDAY	WEDNESDAY	THURSDAY	FRIDAY	SATURDAY

_____ PLANNER

NOTES	SUNDAY	MONDAY	TUESDAY	WEDNESDAY	THURSDAY	FRIDAY	SATURDAY

_____ PLANNER

NOTES	SUNDAY	MONDAY	TUESDAY	WEDNESDAY	THURSDAY	FRIDAY	SATURDAY

_____ PLANNER

NOTES	SUNDAY	MONDAY	TUESDAY	WEDNESDAY	THURSDAY	FRIDAY	SATURDAY

_____ PLANNER

NOTES	SUNDAY	MONDAY	TUESDAY	WEDNESDAY	THURSDAY	FRIDAY	SATURDAY

_____ PLANNER

NOTES	SUNDAY	MONDAY	TUESDAY	WEDNESDAY	THURSDAY	FRIDAY	SATURDAY

_____ PLANNER

NOTES	SUNDAY	MONDAY	TUESDAY	WEDNESDAY	THURSDAY	FRIDAY	SATURDAY

_____ PLANNER

NOTES	SUNDAY	MONDAY	TUESDAY	WEDNESDAY	THURSDAY	FRIDAY	SATURDAY

_____ PLANNER

NOTES	SUNDAY	MONDAY	TUESDAY	WEDNESDAY	THURSDAY	FRIDAY	SATURDAY

_____ PLANNER

NOTES	SUNDAY	MONDAY	TUESDAY	WEDNESDAY	THURSDAY	FRIDAY	SATURDAY

CLASS RECORDS

Subject

WEEK	WEEK ____					WEEK ____					WEEK ____					WEEK ____					WEEK ____					WEEK ____				
DAY	M	T	W	T	F	M	T	W	T	F	M	T	W	T	F	M	T	W	T	F	M	T	W	T	F	M	T	W	T	F
DATE																														
ASSIGNMENTS OR ATTENDANCE																														
NAME																														
1																														
2																														
3																														
4																														
5																														
6																														
7																														
8																														
9																														
10																														
11																														
12																														
13																														
14																														
15																														
16																														
17																														
18																														
19																														
20																														
21																														
22																														
23																														
24																														
25																														
26																														
27																														
28																														
29																														
30																														
31																														
32																														
33																														
34																														
35																														
36																														

Period

WEEK ____					WEEK ____					WEEK ____					WEEK ____					WEEK ____						DAYS PRESENT	DAYS ABSENT	TARDIES	QUARTER GRADE		
M	T	W	T	F	M	T	W	T	F	M	T	W	T	F	M	T	W	T	F	M	T	W	T	F						
																									1						
																									2						
																									3						
																									4						
																									5						
																									6						
																									7						
																									8						
																									9						
																									10						
																									11						
																									12						
																									13						
																									14						
																									15						
																									16						
																									17						
																									18						
																									19						
																									20						
																									21						
																									22						
																									23						
																									24						
																									25						
																									26						
																									27						
																									28						
																									29						
																									30						
																									31						
																									32						
																									33						
																									34						
																									35						
																									36						

Subject

WEEK	WEEK ____					WEEK ____					WEEK ____					WEEK ____					WEEK ____				
DAY	M	T	W	T	F	M	T	W	T	F	M	T	W	T	F	M	T	W	T	F	M	T	W	T	F
DATE																									
ASSIGNMENTS OR ATTENDANCE																									
NAME																									
1																									
2																									
3																									
4																									
5																									
6																									
7																									
8																									
9																									
10																									
11																									
12																									
13																									
14																									
15																									
16																									
17																									
18																									
19																									
20																									
21																									
22																									
23																									
24																									
25																									
26																									
27																									
28																									
29																									
30																									
31																									
32																									
33																									
34																									
35																									
36																									

Period

WEEK ___					WEEK ___					WEEK ___					WEEK ___					WEEK ___						DAYS PRESENT	DAYS ABSENT	TARDIES	QUARTER GRADE	
M	T	W	T	F	M	T	W	T	F	M	T	W	T	F	M	T	W	T	F	M	T	W	T	F						
																									1					
																									2					
																									3					
																									4					
																									5					
																									6					
																									7					
																									8					
																									9					
																									10					
																									11					
																									12					
																									13					
																									14					
																									15					
																									16					
																									17					
																									18					
																									19					
																									20					
																									21					
																									22					
																									23					
																									24					
																									25					
																									26					
																									27					
																									28					
																									29					
																									30					
																									31					
																									32					
																									33					
																									34					
																									35					
																									36					

Subject

WEEK	WEEK ____					WEEK ____					WEEK ____					WEEK ____					WEEK ____				
DAY	M	T	W	T	F	M	T	W	T	F	M	T	W	T	F	M	T	W	T	F	M	T	W	T	F
DATE																									
ASSIGNMENTS OR ATTENDANCE																									
NAME																									
1																									
2																									
3																									
4																									
5																									
6																									
7																									
8																									
9																									
10																									
11																									
12																									
13																									
14																									
15																									
16																									
17																									
18																									
19																									
20																									
21																									
22																									
23																									
24																									
25																									
26																									
27																									
28																									
29																									
30																									
31																									
32																									
33																									
34																									
35																									
36																									

Period

WEEK ____	WEEK ____	WEEK ____	WEEK ____	WEEK ____		DAYS PRESENT	DAYS ABSENT	TARDIES	QUARTER GRADE		
M T W T F	M T W T F	M T W T F	M T W T F	M T W T F							
					1						
					2						
					3						
					4						
					5						
					6						
					7						
					8						
					9						
					10						
					11						
					12						
					13						
					14						
					15						
					16						
					17						
					18						
					19						
					20						
					21						
					22						
					23						
					24						
					25						
					26						
					27						
					28						
					29						
					30						
					31						
					32						
					33						
					34						
					35						
					36						

	WEEK	**Subject**																									
	WEEK	WEEK ____					WEEK ____					WEEK ____					WEEK ____					WEEK ____				
	DAY	M	T	W	T	F	M	T	W	T	F	M	T	W	T	F	M	T	W	T	F	M	T	W	T	F
	DATE																									
	ASSIGNMENTS OR ATTENDANCE																									
NAME																										
1																										
2																										
3																										
4																										
5																										
6																										
7																										
8																										
9																										
10																										
11																										
12																										
13																										
14																										
15																										
16																										
17																										
18																										
19																										
20																										
21																										
22																										
23																										
24																										
25																										
26																										
27																										
28																										
29																										
30																										
31																										
32																										
33																										
34																										
35																										
36																										

Period

	WEEK ____					WEEK ____					WEEK ____					WEEK ____					WEEK ____						DAYS PRESENT	DAYS ABSENT	TARDIES	QUARTER GRADE		
	M	T	W	T	F	M	T	W	T	F	M	T	W	T	F	M	T	W	T	F	M	T	W	T	F							
1																										1						
2																										2						
3																										3						
4																										4						
5																										5						
6																										6						
7																										7						
8																										8						
9																										9						
10																										10						
11																										11						
12																										12						
13																										13						
14																										14						
15																										15						
16																										16						
17																										17						
18																										18						
19																										19						
20																										20						
21																										21						
22																										22						
23																										23						
24																										24						
25																										25						
26																										26						
27																										27						
28																										28						
29																										29						
30																										30						
31																										31						
32																										32						
33																										33						
34																										34						
35																										35						
36																										36						

Subject

WEEK	WEEK ___					WEEK ___					WEEK ___					WEEK ___					WEEK ___				
DAY	M	T	W	T	F	M	T	W	T	F	M	T	W	T	F	M	T	W	T	F	M	T	W	T	F
DATE																									
ASSIGNMENTS OR ATTENDANCE																									
NAME																									
1																									
2																									
3																									
4																									
5																									
6																									
7																									
8																									
9																									
10																									
11																									
12																									
13																									
14																									
15																									
16																									
17																									
18																									
19																									
20																									
21																									
22																									
23																									
24																									
25																									
26																									
27																									
28																									
29																									
30																									
31																									
32																									
33																									
34																									
35																									
36																									

Period

WEEK ___	WEEK ___	WEEK ___	WEEK ___	WEEK ___		DAYS PRESENT	DAYS ABSENT	TARDIES	QUARTER GRADE		
M T W T F	M T W T F	M T W T F	M T W T F	M T W T F							
					1						
					2						
					3						
					4						
					5						
					6						
					7						
					8						
					9						
					10						
					11						
					12						
					13						
					14						
					15						
					16						
					17						
					18						
					19						
					20						
					21						
					22						
					23						
					24						
					25						
					26						
					27						
					28						
					29						
					30						
					31						
					32						
					33						
					34						
					35						
					36						

Subject

WEEK	WEEK ____					WEEK ____					WEEK ____					WEEK ____					WEEK ____				
DAY	M	T	W	T	F	M	T	W	T	F	M	T	W	T	F	M	T	W	T	F	M	T	W	T	F
DATE																									
ASSIGNMENTS OR ATTENDANCE																									
NAME																									
1																									
2																									
3																									
4																									
5																									
6																									
7																									
8																									
9																									
10																									
11																									
12																									
13																									
14																									
15																									
16																									
17																									
18																									
19																									
20																									
21																									
22																									
23																									
24																									
25																									
26																									
27																									
28																									
29																									
30																									
31																									
32																									
33																									
34																									
35																									
36																									

Period

WEEK ___					WEEK ___					WEEK ___					WEEK ___					WEEK ___						DAYS PRESENT	DAYS ABSENT	TARDIES	QUARTER GRADE	
M	T	W	T	F	M	T	W	T	F	M	T	W	T	F	M	T	W	T	F	M	T	W	T	F						
																									1					
																									2					
																									3					
																									4					
																									5					
																									6					
																									7					
																									8					
																									9					
																									10					
																									11					
																									12					
																									13					
																									14					
																									15					
																									16					
																									17					
																									18					
																									19					
																									20					
																									21					
																									22					
																									23					
																									24					
																									25					
																									26					
																									27					
																									28					
																									29					
																									30					
																									31					
																									32					
																									33					
																									34					
																									35					
																									36					

Subject

WEEK	WEEK ____					WEEK ____					WEEK ____					WEEK ____					WEEK ____				
DAY	M	T	W	T	F	M	T	W	T	F	M	T	W	T	F	M	T	W	T	F	M	T	W	T	F
DATE																									
ASSIGNMENTS OR ATTENDANCE																									
NAME																									
1																									
2																									
3																									
4																									
5																									
6																									
7																									
8																									
9																									
10																									
11																									
12																									
13																									
14																									
15																									
16																									
17																									
18																									
19																									
20																									
21																									
22																									
23																									
24																									
25																									
26																									
27																									
28																									
29																									
30																									
31																									
32																									
33																									
34																									
35																									
36																									

Period

WEEK ___	WEEK ___	WEEK ___	WEEK ___	WEEK ___		DAYS PRESENT	DAYS ABSENT	TARDIES	QUARTER GRADE		
M T W T F	M T W T F	M T W T F	M T W T F	M T W T F							
					1						
					2						
					3						
					4						
					5						
					6						
					7						
					8						
					9						
					10						
					11						
					12						
					13						
					14						
					15						
					16						
					17						
					18						
					19						
					20						
					21						
					22						
					23						
					24						
					25						
					26						
					27						
					28						
					29						
					30						
					31						
					32						
					33						
					34						
					35						
					36						

![paws]	Subject																									
WEEK	WEEK ____					WEEK ____					WEEK ____					WEEK ____					WEEK ____				
DAY	M	T	W	T	F	M	T	W	T	F	M	T	W	T	F	M	T	W	T	F	M	T	W	T	F
DATE																									
ASSIGNMENTS OR ATTENDANCE																									
NAME																									
1																									
2																									
3																									
4																									
5																									
6																									
7																									
8																									
9																									
10																									
11																									
12																									
13																									
14																									
15																									
16																									
17																									
18																									
19																									
20																									
21																									
22																									
23																									
24																									
25																									
26																									
27																									
28																									
29																									
30																									
31																									
32																									
33																									
34																									
35																									
36																									

Period

WEEK ____	WEEK ____	WEEK ____	WEEK ____	WEEK ____		DAYS PRESENT	DAYS ABSENT	TARDIES	QUARTER GRADE		
M T W T F	M T W T F	M T W T F	M T W T F	M T W T F							
					1						
					2						
					3						
					4						
					5						
					6						
					7						
					8						
					9						
					10						
					11						
					12						
					13						
					14						
					15						
					16						
					17						
					18						
					19						
					20						
					21						
					22						
					23						
					24						
					25						
					26						
					27						
					28						
					29						
					30						
					31						
					32						
					33						
					34						
					35						
					36						

Subject

WEEK	WEEK ____					WEEK ____					WEEK ____					WEEK ____					WEEK ____				
DAY	M	T	W	T	F	M	T	W	T	F	M	T	W	T	F	M	T	W	T	F	M	T	W	T	F
DATE																									
ASSIGNMENTS OR ATTENDANCE																									
NAME																									
1																									
2																									
3																									
4																									
5																									
6																									
7																									
8																									
9																									
10																									
11																									
12																									
13																									
14																									
15																									
16																									
17																									
18																									
19																									
20																									
21																									
22																									
23																									
24																									
25																									
26																									
27																									
28																									
29																									
30																									
31																									
32																									
33																									
34																									
35																									
36																									

Period

WEEK ____	WEEK ____	WEEK ____	WEEK ____	WEEK ____		DAYS PRESENT	DAYS ABSENT	TARDIES	QUARTER GRADE		
M T W T F	M T W T F	M T W T F	M T W T F	M T W T F							
					1						
					2						
					3						
					4						
					5						
					6						
					7						
					8						
					9						
					10						
					11						
					12						
					13						
					14						
					15						
					16						
					17						
					18						
					19						
					20						
					21						
					22						
					23						
					24						
					25						
					26						
					27						
					28						
					29						
					30						
					31						
					32						
					33						
					34						
					35						
					36						

Subject

Week	Day	Week ____					Week ____					Week ____					Week ____					Week ____				
Day		M	T	W	T	F	M	T	W	T	F	M	T	W	T	F	M	T	W	T	F	M	T	W	T	F
Date																										
Assignments or Attendance																										
Name																										
1																										
2																										
3																										
4																										
5																										
6																										
7																										
8																										
9																										
10																										
11																										
12																										
13																										
14																										
15																										
16																										
17																										
18																										
19																										
20																										
21																										
22																										
23																										
24																										
25																										
26																										
27																										
28																										
29																										
30																										
31																										
32																										
33																										
34																										
35																										
36																										

Period

WEEK ____	WEEK ____	WEEK ____	WEEK ____	WEEK ____		DAYS PRESENT	DAYS ABSENT	TARDIES	QUARTER GRADE		
M T W T F	M T W T F	M T W T F	M T W T F	M T W T F							
					1						
					2						
					3						
					4						
					5						
					6						
					7						
					8						
					9						
					10						
					11						
					12						
					13						
					14						
					15						
					16						
					17						
					18						
					19						
					20						
					21						
					22						
					23						
					24						
					25						
					26						
					27						
					28						
					29						
					30						
					31						
					32						
					33						
					34						
					35						
					36						

WEEK	Subject																												
	WEEK ___					WEEK ___					WEEK ___					WEEK ___					WEEK ___				
DAY	M	T	W	T	F	M	T	W	T	F	M	T	W	T	F	M	T	W	T	F	M	T	W	T	F
DATE																									
ASSIGNMENTS OR ATTENDANCE																									
NAME																									
1																									
2																									
3																									
4																									
5																									
6																									
7																									
8																									
9																									
10																									
11																									
12																									
13																									
14																									
15																									
16																									
17																									
18																									
19																									
20																									
21																									
22																									
23																									
24																									
25																									
26																									
27																									
28																									
29																									
30																									
31																									
32																									
33																									
34																									
35																									
36																									

Period

	WEEK ____					WEEK ____					WEEK ____					WEEK ____					WEEK ____						DAYS PRESENT	DAYS ABSENT	TARDIES	QUARTER GRADE		
	M	T	W	T	F	M	T	W	T	F	M	T	W	T	F	M	T	W	T	F	M	T	W	T	F							
																										1						
																										2						
																										3						
																										4						
																										5						
																										6						
																										7						
																										8						
																										9						
																										10						
																										11						
																										12						
																										13						
																										14						
																										15						
																										16						
																										17						
																										18						
																										19						
																										20						
																										21						
																										22						
																										23						
																										24						
																										25						
																										26						
																										27						
																										28						
																										29						
																										30						
																										31						
																										32						
																										33						
																										34						
																										35						
																										36						

Subject

WEEK	WEEK ____					WEEK ____					WEEK ____					WEEK ____					WEEK ____				
DAY	M	T	W	T	F	M	T	W	T	F	M	T	W	T	F	M	T	W	T	F	M	T	W	T	F
DATE																									
ASSIGNMENTS OR ATTENDANCE																									
NAME																									
1																									
2																									
3																									
4																									
5																									
6																									
7																									
8																									
9																									
10																									
11																									
12																									
13																									
14																									
15																									
16																									
17																									
18																									
19																									
20																									
21																									
22																									
23																									
24																									
25																									
26																									
27																									
28																									
29																									
30																									
31																									
32																									
33																									
34																									
35																									
36																									

Period

WEEK ____	WEEK ____	WEEK ____	WEEK ____	WEEK ____		DAYS PRESENT	DAYS ABSENT	TARDIES	QUARTER GRADE	
M T W T F	M T W T F	M T W T F	M T W T F	M T W T F						
					1					
					2					
					3					
					4					
					5					
					6					
					7					
					8					
					9					
					10					
					11					
					12					
					13					
					14					
					15					
					16					
					17					
					18					
					19					
					20					
					21					
					22					
					23					
					24					
					25					
					26					
					27					
					28					
					29					
					30					
					31					
					32					
					33					
					34					
					35					
					36					

Subject

WEEK	WEEK ____					WEEK ____					WEEK ____					WEEK ____					WEEK ____				
DAY	M	T	W	T	F	M	T	W	T	F	M	T	W	T	F	M	T	W	T	F	M	T	W	T	F
DATE																									
ASSIGNMENTS OR ATTENDANCE																									
NAME																									
1																									
2																									
3																									
4																									
5																									
6																									
7																									
8																									
9																									
10																									
11																									
12																									
13																									
14																									
15																									
16																									
17																									
18																									
19																									
20																									
21																									
22																									
23																									
24																									
25																									
26																									
27																									
28																									
29																									
30																									
31																									
32																									
33																									
34																									
35																									
36																									

Period

WEEK ____	WEEK ____	WEEK ____	WEEK ____	WEEK ____		DAYS PRESENT	DAYS ABSENT	TARDIES	QUARTER GRADE	
M T W T F	M T W T F	M T W T F	M T W T F	M T W T F						
					1					
					2					
					3					
					4					
					5					
					6					
					7					
					8					
					9					
					10					
					11					
					12					
					13					
					14					
					15					
					16					
					17					
					18					
					19					
					20					
					21					
					22					
					23					
					24					
					25					
					26					
					27					
					28					
					29					
					30					
					31					
					32					
					33					
					34					
					35					
					36					

Subject

WEEK	WEEK ___					WEEK ___					WEEK ___					WEEK ___					WEEK ___				
DAY	M	T	W	T	F	M	T	W	T	F	M	T	W	T	F	M	T	W	T	F	M	T	W	T	F
DATE																									
ASSIGNMENTS OR ATTENDANCE																									
NAME																									
1																									
2																									
3																									
4																									
5																									
6																									
7																									
8																									
9																									
10																									
11																									
12																									
13																									
14																									
15																									
16																									
17																									
18																									
19																									
20																									
21																									
22																									
23																									
24																									
25																									
26																									
27																									
28																									
29																									
30																									
31																									
32																									
33																									
34																									
35																									
36																									

Period

WEEK ____					WEEK ____					WEEK ____					WEEK ____					WEEK ____						DAYS PRESENT	DAYS ABSENT	TARDIES	QUARTER GRADE	
M	T	W	T	F	M	T	W	T	F	M	T	W	T	F	M	T	W	T	F	M	T	W	T	F						
																									1					
																									2					
																									3					
																									4					
																									5					
																									6					
																									7					
																									8					
																									9					
																									10					
																									11					
																									12					
																									13					
																									14					
																									15					
																									16					
																									17					
																									18					
																									19					
																									20					
																									21					
																									22					
																									23					
																									24					
																									25					
																									26					
																									27					
																									28					
																									29					
																									30					
																									31					
																									32					
																									33					
																									34					
																									35					
																									36					

	Subject																									
Week	Week ___					Week ___					Week ___					Week ___					Week ___				
Day	M	T	W	T	F	M	T	W	T	F	M	T	W	T	F	M	T	W	T	F	M	T	W	T	F
Date																									
Assignments OR Attendance																									
Name																									
1																									
2																									
3																									
4																									
5																									
6																									
7																									
8																									
9																									
10																									
11																									
12																									
13																									
14																									
15																									
16																									
17																									
18																									
19																									
20																									
21																									
22																									
23																									
24																									
25																									
26																									
27																									
28																									
29																									
30																									
31																									
32																									
33																									
34																									
35																									
36																									

Period

WEEK ____					WEEK ____					WEEK ____					WEEK ____					WEEK ____						DAYS PRESENT	DAYS ABSENT	TARDIES	QUARTER GRADE	
M	T	W	T	F	M	T	W	T	F	M	T	W	T	F	M	T	W	T	F	M	T	W	T	F						
																									1					
																									2					
																									3					
																									4					
																									5					
																									6					
																									7					
																									8					
																									9					
																									10					
																									11					
																									12					
																									13					
																									14					
																									15					
																									16					
																									17					
																									18					
																									19					
																									20					
																									21					
																									22					
																									23					
																									24					
																									25					
																									26					
																									27					
																									28					
																									29					
																									30					
																									31					
																									32					
																									33					
																									34					
																									35					
																									36					

		WEEK _____					WEEK _____					WEEK _____					WEEK _____					WEEK _____					WEEK _____				
WEEK																																
DAY		M	T	W	T	F	M	T	W	T	F	M	T	W	T	F	M	T	W	T	F	M	T	W	T	F	M	T	W	T	F
DATE																																
ASSIGNMENTS OR ATTENDANCE																																
NAME																																
	1																															
	2																															
	3																															
	4																															
	5																															
	6																															
	7																															
	8																															
	9																															
	10																															
	11																															
	12																															
	13																															
	14																															
	15																															
	16																															
	17																															
	18																															
	19																															
	20																															
	21																															
	22																															
	23																															
	24																															
	25																															
	26																															
	27																															
	28																															
	29																															
	30																															
	31																															
	32																															
	33																															
	34																															
	35																															
	36																															

Subject

Period

WEEK ____					WEEK ____					WEEK ____					WEEK ____					WEEK ____						DAYS PRESENT	DAYS ABSENT	TARDIES	QUARTER GRADE		
M	T	W	T	F	M	T	W	T	F	M	T	W	T	F	M	T	W	T	F	M	T	W	T	F							
																									1						
																									2						
																									3						
																									4						
																									5						
																									6						
																									7						
																									8						
																									9						
																									10						
																									11						
																									12						
																									13						
																									14						
																									15						
																									16						
																									17						
																									18						
																									19						
																									20						
																									21						
																									22						
																									23						
																									24						
																									25						
																									26						
																									27						
																									28						
																									29						
																									30						
																									31						
																									32						
																									33						
																									34						
																									35						
																									36						

![paws]	**Subject**																									
WEEK	WEEK ____					WEEK ____					WEEK ____					WEEK ____					WEEK ____				
DAY	M	T	W	T	F	M	T	W	T	F	M	T	W	T	F	M	T	W	T	F	M	T	W	T	F
DATE																									
ASSIGNMENTS OR ATTENDANCE																									
NAME																									
1																									
2																									
3																									
4																									
5																									
6																									
7																									
8																									
9																									
10																									
11																									
12																									
13																									
14																									
15																									
16																									
17																									
18																									
19																									
20																									
21																									
22																									
23																									
24																									
25																									
26																									
27																									
28																									
29																									
30																									
31																									
32																									
33																									
34																									
35																									
36																									

Period

WEEK ____	WEEK ____	WEEK ____	WEEK ____	WEEK ____		DAYS PRESENT	DAYS ABSENT	TARDIES	QUARTER GRADE		
M T W T F	M T W T F	M T W T F	M T W T F	M T W T F							
					1						
					2						
					3						
					4						
					5						
					6						
					7						
					8						
					9						
					10						
					11						
					12						
					13						
					14						
					15						
					16						
					17						
					18						
					19						
					20						
					21						
					22						
					23						
					24						
					25						
					26						
					27						
					28						
					29						
					30						
					31						
					32						
					33						
					34						
					35						
					36						

Subject

Week	Week ____					Week ____					Week ____					Week ____					Week ____				
Day	M	T	W	T	F	M	T	W	T	F	M	T	W	T	F	M	T	W	T	F	M	T	W	T	F
Date																									
Assignments or Attendance																									
Name																									
1																									
2																									
3																									
4																									
5																									
6																									
7																									
8																									
9																									
10																									
11																									
12																									
13																									
14																									
15																									
16																									
17																									
18																									
19																									
20																									
21																									
22																									
23																									
24																									
25																									
26																									
27																									
28																									
29																									
30																									
31																									
32																									
33																									
34																									
35																									
36																									

Period

WEEK ____	WEEK ____	WEEK ____	WEEK ____	WEEK ____		DAYS PRESENT	DAYS ABSENT	TARDIES	QUARTER GRADE		
M T W T F	M T W T F	M T W T F	M T W T F	M T W T F							
					1						
					2						
					3						
					4						
					5						
					6						
					7						
					8						
					9						
					10						
					11						
					12						
					13						
					14						
					15						
					16						
					17						
					18						
					19						
					20						
					21						
					22						
					23						
					24						
					25						
					26						
					27						
					28						
					29						
					30						
					31						
					32						
					33						
					34						
					35						
					36						

	WEEK ____					WEEK ____					WEEK ____					WEEK ____					WEEK ____				
WEEK																									
DAY	M	T	W	T	F	M	T	W	T	F	M	T	W	T	F	M	T	W	T	F	M	T	W	T	F
DATE																									
ASSIGNMENTS OR ATTENDANCE																									
NAME																									
1																									
2																									
3																									
4																									
5																									
6																									
7																									
8																									
9																									
10																									
11																									
12																									
13																									
14																									
15																									
16																									
17																									
18																									
19																									
20																									
21																									
22																									
23																									
24																									
25																									
26																									
27																									
28																									
29																									
30																									
31																									
32																									
33																									
34																									
35																									
36																									

Subject

#2551 Lesson Plan and Record Book   54   ©*Teacher Created Resources, Inc.*

Period

WEEK ____					WEEK ____					WEEK ____					WEEK ____					WEEK ____						DAYS PRESENT	DAYS ABSENT	TARDIES	QUARTER GRADE	
M	T	W	T	F	M	T	W	T	F	M	T	W	T	F	M	T	W	T	F	M	T	W	T	F						
																									1					
																									2					
																									3					
																									4					
																									5					
																									6					
																									7					
																									8					
																									9					
																									10					
																									11					
																									12					
																									13					
																									14					
																									15					
																									16					
																									17					
																									18					
																									19					
																									20					
																									21					
																									22					
																									23					
																									24					
																									25					
																									26					
																									27					
																									28					
																									29					
																									30					
																									31					
																									32					
																									33					
																									34					
																									35					
																									36					

WEEK		Subject																								
		WEEK ____					WEEK ____					WEEK ____					WEEK ____					WEEK ____				
DAY		M	T	W	T	F	M	T	W	T	F	M	T	W	T	F	M	T	W	T	F	M	T	W	T	F
DATE																											
ASSIGNMENTS OR ATTENDANCE																											
NAME																											
	1																										
	2																										
	3																										
	4																										
	5																										
	6																										
	7																										
	8																										
	9																										
	10																										
	11																										
	12																										
	13																										
	14																										
	15																										
	16																										
	17																										
	18																										
	19																										
	20																										
	21																										
	22																										
	23																										
	24																										
	25																										
	26																										
	27																										
	28																										
	29																										
	30																										
	31																										
	32																										
	33																										
	34																										
	35																										
	36																										

Period

	WEEK ____					WEEK ____					WEEK ____					WEEK ____					WEEK ____						DAYS PRESENT	DAYS ABSENT	TARDIES	QUARTER GRADE		
	M	T	W	T	F	M	T	W	T	F	M	T	W	T	F	M	T	W	T	F	M	T	W	T	F						
1																															
2																															
3																															
4																															
5																															
6																															
7																															
8																															
9																															
10																															
11																															
12																															
13																															
14																															
15																															
16																															
17																															
18																															
19																															
20																															
21																															
22																															
23																															
24																															
25																															
26																															
27																															
28																															
29																															
30																															
31																															
32																															
33																															
34																															
35																															
36																															

Subject

WEEK	WEEK ____					WEEK ____					WEEK ____					WEEK ____					WEEK ____				
DAY	M	T	W	T	F	M	T	W	T	F	M	T	W	T	F	M	T	W	T	F	M	T	W	T	F
DATE																									
ASSIGNMENTS OR ATTENDANCE																									
NAME																									
1																									
2																									
3																									
4																									
5																									
6																									
7																									
8																									
9																									
10																									
11																									
12																									
13																									
14																									
15																									
16																									
17																									
18																									
19																									
20																									
21																									
22																									
23																									
24																									
25																									
26																									
27																									
28																									
29																									
30																									
31																									
32																									
33																									
34																									
35																									
36																									

Period

WEEK ____	WEEK ____	WEEK ____	WEEK ____	WEEK ____		DAYS PRESENT	DAYS ABSENT	TARDIES	QUARTER GRADE		
M T W T F	M T W T F	M T W T F	M T W T F	M T W T F							
					1						
					2						
					3						
					4						
					5						
					6						
					7						
					8						
					9						
					10						
					11						
					12						
					13						
					14						
					15						
					16						
					17						
					18						
					19						
					20						
					21						
					22						
					23						
					24						
					25						
					26						
					27						
					28						
					29						
					30						
					31						
					32						
					33						
					34						
					35						
					36						

Subject

WEEK	WEEK ___					WEEK ___					WEEK ___					WEEK ___					WEEK ___				
DAY	M	T	W	T	F	M	T	W	T	F	M	T	W	T	F	M	T	W	T	F	M	T	W	T	F
DATE																									
ASSIGNMENTS OR ATTENDANCE																									
NAME																									
1																									
2																									
3																									
4																									
5																									
6																									
7																									
8																									
9																									
10																									
11																									
12																									
13																									
14																									
15																									
16																									
17																									
18																									
19																									
20																									
21																									
22																									
23																									
24																									
25																									
26																									
27																									
28																									
29																									
30																									
31																									
32																									
33																									
34																									
35																									
36																									

Period

WEEK ____					WEEK ____					WEEK ____					WEEK ____					WEEK ____						DAYS PRESENT	DAYS ABSENT	TARDIES	QUARTER GRADE		
M	T	W	T	F	M	T	W	T	F	M	T	W	T	F	M	T	W	T	F	M	T	W	T	F						
																									1					
																									2					
																									3					
																									4					
																									5					
																									6					
																									7					
																									8					
																									9					
																									10					
																									11					
																									12					
																									13					
																									14					
																									15					
																									16					
																									17					
																									18					
																									19					
																									20					
																									21					
																									22					
																									23					
																									24					
																									25					
																									26					
																									27					
																									28					
																									29					
																									30					
																									31					
																									32					
																									33					
																									34					
																									35					
																									36					

Subject

WEEK	WEEK ____					WEEK ____					WEEK ____					WEEK ____					WEEK ____				
DAY	M	T	W	T	F	M	T	W	T	F	M	T	W	T	F	M	T	W	T	F	M	T	W	T	F
DATE																									
ASSIGNMENTS OR ATTENDANCE																									
NAME																									
1																									
2																									
3																									
4																									
5																									
6																									
7																									
8																									
9																									
10																									
11																									
12																									
13																									
14																									
15																									
16																									
17																									
18																									
19																									
20																									
21																									
22																									
23																									
24																									
25																									
26																									
27																									
28																									
29																									
30																									
31																									
32																									
33																									
34																									
35																									
36																									

Period

WEEK ___	WEEK ___	WEEK ___	WEEK ___	WEEK ___		DAYS PRESENT	DAYS ABSENT	TARDIES	QUARTER GRADE	
M T W T F	M T W T F	M T W T F	M T W T F	M T W T F						
					1					
					2					
					3					
					4					
					5					
					6					
					7					
					8					
					9					
					10					
					11					
					12					
					13					
					14					
					15					
					16					
					17					
					18					
					19					
					20					
					21					
					22					
					23					
					24					
					25					
					26					
					27					
					28					
					29					
					30					
					31					
					32					
					33					
					34					
					35					
					36					

Subject

WEEK	WEEK ____					WEEK ____					WEEK ____					WEEK ____					WEEK ____				
DAY	M	T	W	T	F	M	T	W	T	F	M	T	W	T	F	M	T	W	T	F	M	T	W	T	F
DATE																									
ASSIGNMENTS OR ATTENDANCE																									
NAME																									
1																									
2																									
3																									
4																									
5																									
6																									
7																									
8																									
9																									
10																									
11																									
12																									
13																									
14																									
15																									
16																									
17																									
18																									
19																									
20																									
21																									
22																									
23																									
24																									
25																									
26																									
27																									
28																									
29																									
30																									
31																									
32																									
33																									
34																									
35																									
36																									

Period

WEEK ____	WEEK ____	WEEK ____	WEEK ____	WEEK ____		DAYS PRESENT	DAYS ABSENT	TARDIES	QUARTER GRADE		
M T W T F	M T W T F	M T W T F	M T W T F	M T W T F							
					1						
					2						
					3						
					4						
					5						
					6						
					7						
					8						
					9						
					10						
					11						
					12						
					13						
					14						
					15						
					16						
					17						
					18						
					19						
					20						
					21						
					22						
					23						
					24						
					25						
					26						
					27						
					28						
					29						
					30						
					31						
					32						
					33						
					34						
					35						
					36						

Subject

Week	Week ___					Week ___					Week ___					Week ___					Week ___				
Day	M	T	W	T	F	M	T	W	T	F	M	T	W	T	F	M	T	W	T	F	M	T	W	T	F
Date																									
Assignments or Attendance																									
Name																									
1																									
2																									
3																									
4																									
5																									
6																									
7																									
8																									
9																									
10																									
11																									
12																									
13																									
14																									
15																									
16																									
17																									
18																									
19																									
20																									
21																									
22																									
23																									
24																									
25																									
26																									
27																									
28																									
29																									
30																									
31																									
32																									
33																									
34																									
35																									
36																									

Period

WEEK ____					WEEK ____					WEEK ____					WEEK ____					WEEK ____						DAYS PRESENT	DAYS ABSENT	TARDIES	QUARTER GRADE	
M	T	W	T	F	M	T	W	T	F	M	T	W	T	F	M	T	W	T	F	M	T	W	T	F						
																									1					
																									2					
																									3					
																									4					
																									5					
																									6					
																									7					
																									8					
																									9					
																									10					
																									11					
																									12					
																									13					
																									14					
																									15					
																									16					
																									17					
																									18					
																									19					
																									20					
																									21					
																									22					
																									23					
																									24					
																									25					
																									26					
																									27					
																									28					
																									29					
																									30					
																									31					
																									32					
																									33					
																									34					
																									35					
																									36					

Subject

WEEK	WEEK ____					WEEK ____					WEEK ____					WEEK ____					WEEK ____				
DAY	M	T	W	T	F	M	T	W	T	F	M	T	W	T	F	M	T	W	T	F	M	T	W	T	F
DATE																									
ASSIGNMENTS OR ATTENDANCE																									
NAME																									
1																									
2																									
3																									
4																									
5																									
6																									
7																									
8																									
9																									
10																									
11																									
12																									
13																									
14																									
15																									
16																									
17																									
18																									
19																									
20																									
21																									
22																									
23																									
24																									
25																									
26																									
27																									
28																									
29																									
30																									
31																									
32																									
33																									
34																									
35																									
36																									

Period

WEEK ___					WEEK ___					WEEK ___					WEEK ___					WEEK ___						DAYS PRESENT	DAYS ABSENT	TARDIES	QUARTER GRADE		
M	T	W	T	F	M	T	W	T	F	M	T	W	T	F	M	T	W	T	F	M	T	W	T	F							
																									1						
																									2						
																									3						
																									4						
																									5						
																									6						
																									7						
																									8						
																									9						
																									10						
																									11						
																									12						
																									13						
																									14						
																									15						
																									16						
																									17						
																									18						
																									19						
																									20						
																									21						
																									22						
																									23						
																									24						
																									25						
																									26						
																									27						
																									28						
																									29						
																									30						
																									31						
																									32						
																									33						
																									34						
																									35						
																									36						

WEEK	Subject																										
	WEEK ____					WEEK ____					WEEK ____					WEEK ____					WEEK ____					
DAY	M	T	W	T	F	M	T	W	T	F	M	T	W	T	F	M	T	W	T	F	M	T	W	T	F	
DATE																										
ASSIGNMENTS OR ATTENDANCE																										
NAME																										
1																										
2																										
3																										
4																										
5																										
6																										
7																										
8																										
9																										
10																										
11																										
12																										
13																										
14																										
15																										
16																										
17																										
18																										
19																										
20																										
21																										
22																										
23																										
24																										
25																										
26																										
27																										
28																										
29																										
30																										
31																										
32																										
33																										
34																										
35																										
36																										

Period

WEEK ____	WEEK ____	WEEK ____	WEEK ____	WEEK ____		DAYS PRESENT	DAYS ABSENT	TARDIES	QUARTER GRADE		
M T W T F	M T W T F	M T W T F	M T W T F	M T W T F							
					1						
					2						
					3						
					4						
					5						
					6						
					7						
					8						
					9						
					10						
					11						
					12						
					13						
					14						
					15						
					16						
					17						
					18						
					19						
					20						
					21						
					22						
					23						
					24						
					25						
					26						
					27						
					28						
					29						
					30						
					31						
					32						
					33						
					34						
					35						
					36						

WEEK	Subject					WEEK ____					WEEK ____					WEEK ____					WEEK ____					WEEK ____				
DAY						M	T	W	T	F	M	T	W	T	F	M	T	W	T	F	M	T	W	T	F	M	T	W	T	F
DATE																														
ASSIGNMENTS OR ATTENDANCE																														
NAME																														
1																														
2																														
3																														
4																														
5																														
6																														
7																														
8																														
9																														
10																														
11																														
12																														
13																														
14																														
15																														
16																														
17																														
18																														
19																														
20																														
21																														
22																														
23																														
24																														
25																														
26																														
27																														
28																														
29																														
30																														
31																														
32																														
33																														
34																														
35																														
36																														

Period

WEEK ____	WEEK ____	WEEK ____	WEEK ____	WEEK ____		DAYS PRESENT	DAYS ABSENT	TARDIES	QUARTER GRADE		
M T W T F	M T W T F	M T W T F	M T W T F	M T W T F							
					1						
					2						
					3						
					4						
					5						
					6						
					7						
					8						
					9						
					10						
					11						
					12						
					13						
					14						
					15						
					16						
					17						
					18						
					19						
					20						
					21						
					22						
					23						
					24						
					25						
					26						
					27						
					28						
					29						
					30						
					31						
					32						
					33						
					34						
					35						
					36						

Subject

WEEK	WEEK ___					WEEK ___					WEEK ___					WEEK ___					WEEK ___				
DAY	M	T	W	T	F	M	T	W	T	F	M	T	W	T	F	M	T	W	T	F	M	T	W	T	F
DATE																									
ASSIGNMENTS OR ATTENDANCE																									
NAME																									
1																									
2																									
3																									
4																									
5																									
6																									
7																									
8																									
9																									
10																									
11																									
12																									
13																									
14																									
15																									
16																									
17																									
18																									
19																									
20																									
21																									
22																									
23																									
24																									
25																									
26																									
27																									
28																									
29																									
30																									
31																									
32																									
33																									
34																									
35																									
36																									

Period

WEEK ___	WEEK ___	WEEK ___	WEEK ___	WEEK ___		DAYS PRESENT	DAYS ABSENT	TARDIES	QUARTER GRADE	
M T W T F	M T W T F	M T W T F	M T W T F	M T W T F						
					1					
					2					
					3					
					4					
					5					
					6					
					7					
					8					
					9					
					10					
					11					
					12					
					13					
					14					
					15					
					16					
					17					
					18					
					19					
					20					
					21					
					22					
					23					
					24					
					25					
					26					
					27					
					28					
					29					
					30					
					31					
					32					
					33					
					34					
					35					
					36					

NOTES

LESSON PLANS

NOTES	MONDAY	TUESDAY

🐾 NOTES 🐾	🐾 MONDAY 🐾	🐾 TUESDAY 🐾

🐾 NOTES 🐾	🐾 MONDAY 🐾	🐾 TUESDAY 🐾

WEDNESDAY	THURSDAY	FRIDAY

WEEK OF _____

🐾 NOTES 🐾	🐾 MONDAY 🐾	🐾 TUESDAY 🐾

WEEK OF _____

NOTES	MONDAY	TUESDAY

🐾 NOTES 🐾	🐾 MONDAY 🐾	🐾 TUESDAY 🐾

WEEK OF _____

🐾 NOTES 🐾	🐾 MONDAY 🐾	🐾 TUESDAY 🐾

WEEK OF _____

NOTES	MONDAY	TUESDAY

WEDNESDAY	THURSDAY	FRIDAY

WEEK OF _____

🐾 NOTES 🐾	🐾 MONDAY 🐾	🐾 TUESDAY 🐾

WEEK OF _____

🐾 NOTES 🐾	🐾 MONDAY 🐾	🐾 TUESDAY 🐾

WEDNESDAY	THURSDAY	FRIDAY

WEEK OF _____

NOTES	**MONDAY**	**TUESDAY**

WEEK OF _____

NOTES	MONDAY	TUESDAY

WEEK OF _____

🐾 NOTES 🐾	🐾 MONDAY 🐾	🐾 TUESDAY 🐾

WEDNESDAY	THURSDAY	FRIDAY

🐾 NOTES 🐾	🐾 MONDAY 🐾	🐾 TUESDAY 🐾

WEDNESDAY	THURSDAY	FRIDAY

🐾 NOTES 🐾	🐾 MONDAY 🐾	🐾 TUESDAY 🐾

WEEK OF _____

🐾 NOTES 🐾	🐾 MONDAY 🐾	🐾 TUESDAY 🐾

WEDNESDAY	THURSDAY	FRIDAY

WEEK OF _____

🐾 NOTES 🐾	🐾 MONDAY 🐾	🐾 TUESDAY 🐾

WEDNESDAY	THURSDAY	FRIDAY

WEEK OF _____

🐾 NOTES 🐾	🐾 MONDAY 🐾	🐾 TUESDAY 🐾

WEDNESDAY	THURSDAY	FRIDAY

WEEK OF _____

NOTES	MONDAY	TUESDAY

WEDNESDAY	**THURSDAY**	**FRIDAY**

WEEK OF _____

🐾 NOTES 🐾	🐾 MONDAY 🐾	🐾 TUESDAY 🐾

NOTES	MONDAY	TUESDAY

WEDNESDAY	THURSDAY	FRIDAY

🐾 NOTES 🐾	🐾 MONDAY 🐾	🐾 TUESDAY 🐾

WEEK OF _____

🐾 NOTES 🐾	🐾 MONDAY 🐾	🐾 TUESDAY 🐾

🐾 NOTES 🐾	🐾 MONDAY 🐾	🐾 TUESDAY 🐾

WEDNESDAY	THURSDAY	FRIDAY

🐾 NOTES 🐾	🐾 MONDAY 🐾	🐾 TUESDAY 🐾

WEDNESDAY	THURSDAY	FRIDAY

NOTES	MONDAY	TUESDAY

WEEK OF _____

🐾 NOTES 🐾	🐾 MONDAY 🐾	🐾 TUESDAY 🐾

WEEK OF _____

NOTES	MONDAY	TUESDAY

WEDNESDAY	THURSDAY	FRIDAY

WEEK OF _____

🐾 NOTES 🐾	🐾 MONDAY 🐾	🐾 TUESDAY 🐾

🐾 NOTES 🐾	🐾 MONDAY 🐾	🐾 TUESDAY 🐾

🐾 NOTES 🐾	🐾 MONDAY 🐾	🐾 TUESDAY 🐾

WEDNESDAY	THURSDAY	FRIDAY

WEEK OF _____

NOTES	MONDAY	TUESDAY

WEDNESDAY	THURSDAY	FRIDAY

WEEK OF _____

🐾 NOTES 🐾	🐾 MONDAY 🐾	🐾 TUESDAY 🐾

WEDNESDAY	THURSDAY	FRIDAY

WEEK OF _____

NOTES	**MONDAY**	**TUESDAY**

🐾 NOTES 🐾	🐾 MONDAY 🐾	🐾 TUESDAY 🐾

WEEK OF _____

NOTES	MONDAY	TUESDAY

WEDNESDAY	THURSDAY	FRIDAY

🐾 NOTES 🐾	🐾 MONDAY 🐾	🐾 TUESDAY 🐾

WEDNESDAY	THURSDAY	FRIDAY

WEEK OF _____

NOTES	MONDAY	TUESDAY

WEDNESDAY	THURSDAY	FRIDAY

WEEK OF _____

🐾 NOTES 🐾	🐾 MONDAY 🐾	🐾 TUESDAY 🐾

WEDNESDAY	THURSDAY	FRIDAY

🐾 NOTES 🐾	🐾 MONDAY 🐾	🐾 TUESDAY 🐾

🐾 NOTES 🐾	🐾 MONDAY 🐾	🐾 TUESDAY 🐾

WEDNESDAY	THURSDAY	FRIDAY

GRADING CHART

Total Number of Items	1	2	3	4	5	6	7	8	9	10	11	12	13	14	15	16	17	18	19	20	21	22	23	24	25	26	27	28	29	30
50	98	96	94	92	90	88	86	84	82	80	78	76	74	72	70	68	66	64	62	60	58	56	54	52	50	48	46	44	42	40
49	98	96	94	92	90	88	86	84	82	80	78	76	73	71	69	67	65	63	61	59	57	55	53	51	49	47	45	43	41	39
48	98	96	94	92	90	88	85	83	81	79	77	75	73	71	69	67	65	63	60	58	56	54	52	50	48	46	44	42	40	38
47	98	96	94	91	89	87	85	83	81	79	77	74	72	70	68	66	64	62	60	57	55	53	51	49	47	45	43	40	38	36
46	98	96	93	91	89	87	85	81	80	78	76	74	72	70	67	65	63	61	59	57	54	52	50	48	46	43	41	39	37	35
45	98	95	93	91	89	87	84	82	80	78	76	73	71	69	67	64	62	60	58	56	53	51	49	47	44	42	40	38	36	33
44	98	95	93	91	89	86	84	82	80	77	75	73	70	68	66	64	61	59	57	55	52	50	48	45	43	41	39	36	34	32
43	98	95	93	91	88	86	84	81	79	77	74	72	70	67	65	63	60	58	56	53	51	49	47	44	42	40	37	35	33	30
42	98	95	93	90	88	86	83	81	79	76	74	71	69	67	64	62	60	57	55	52	50	48	45	43	40	38	36	33	31	29
41	98	95	93	90	88	85	83	80	78	75	73	71	68	66	63	61	59	56	54	51	49	46	44	41	39	37	34	32	29	27
40	98	95	93	90	88	85	83	80	78	75	73	70	68	65	63	60	58	55	53	50	48	45	43	40	38	35	33	30	28	25
39	97	95	92	90	87	85	82	79	77	74	72	69	67	64	62	59	56	54	51	49	46	44	41	38	36	33	31	28	26	23
38	97	95	92	89	87	84	82	79	76	74	71	68	66	63	61	58	55	53	50	47	45	42	39	37	34	32	29	26	24	21
37	97	95	92	89	86	84	81	78	76	73	70	68	65	62	59	57	54	51	49	46	43	41	38	35	32	30	27	24	22	19
36	97	94	92	89	86	83	81	78	75	72	69	67	64	61	58	56	53	50	47	44	42	39	36	33	31	28	25	22	19	17
35	97	94	91	89	86	83	80	77	74	71	69	66	63	60	57	54	51	49	46	43	40	37	34	31	29	26	23	20	17	14
34	97	94	91	88	85	82	79	76	74	71	68	65	62	59	56	53	50	47	44	41	38	35	32	39	26	24	21	18	15	12
33	97	94	91	88	85	82	79	76	73	70	67	64	61	58	55	52	48	45	42	39	36	33	30	27	24	21	18	15	12	9
32	97	94	91	88	84	81	78	75	72	69	66	63	59	56	53	50	47	44	41	38	34	31	28	25	22	19	16	13	9	6
31	97	94	90	87	84	81	77	74	71	68	65	61	58	55	52	48	45	42	39	35	32	29	26	23	19	16	13	10	6	3
30	97	93	90	87	83	80	77	73	70	67	63	60	57	53	50	47	43	40	37	33	30	27	23	20	17	13	10	7	3	
29	97	93	90	86	83	79	76	72	69	66	62	59	55	52	48	45	41	38	34	31	28	24	21	17	14	10	7	3		
28	96	93	89	86	82	79	75	71	68	64	61	57	54	50	46	43	39	36	32	29	25	21	18	14	11	7	4			
27	96	93	89	85	81	78	74	70	67	63	59	56	52	48	44	41	37	33	30	26	22	19	15	11	7	4				
26	96	92	88	85	81	77	73	69	65	62	58	54	50	46	42	38	35	31	27	23	19	15	12	8	4					
25	96	92	88	84	80	76	72	68	64	60	56	52	48	44	40	36	32	28	24	20	16	12	8	4						
24	96	92	88	83	79	75	71	67	63	58	54	50	46	42	38	33	29	25	21	17	13	8	4							
23	96	91	87	83	78	74	70	65	61	57	52	48	43	39	35	30	26	22	17	13	9	4								
22	95	91	86	82	77	73	68	64	59	55	50	45	41	36	32	27	23	18	14	9	5									
21	95	90	86	81	76	71	67	62	57	52	48	43	38	33	29	24	19	14	10	5										
20	95	90	85	80	75	70	65	60	55	50	45	40	35	30	25	20	15	10	5											
19	95	89	84	79	74	68	63	58	53	47	42	37	32	26	21	16	11	5												
18	94	89	83	78	72	67	61	56	50	44	39	33	28	22	17	11	6													
17	94	88	82	76	71	65	59	53	47	41	35	29	24	19	12	6														
16	94	88	81	75	69	63	56	50	44	38	31	25	19	13	6															
15	93	87	80	73	67	60	53	47	40	33	27	20	13	7																
14	93	86	79	71	64	57	50	43	36	29	21	14	7																	
13	92	85	77	69	62	54	46	38	31	23	15	8																		
12	92	83	75	67	58	50	42	33	25	17	8																			
11	91	82	73	64	55	45	36	27	18	9																				
10	90	80	70	60	50	40	30	20	10																					
9	89	78	67	56	44	36	22	11																						
8	88	75	63	50	38	25	13																							
7	86	71	57	43	29	14																								
6	83	67	50	33	17																									
5	80	60	40	20																										
4	75	50	25																											
3	67	33																												